26 Juillet 1896.

CATALOGUE

DE LA

VENTE AUX ENCHÈRES PUBLIQUES

DES

OBJETS D'ART ANCIENS

ET DU MOBILIER

GARNISSANT LE

Château de NEUVILLE

Par Dormans (Marne)

DONT LA VENTE AURA LIEU

Le Dimanche 26 juillet 1896 et jours suivants

A la requête de **M. DARRAS**, séquestre judiciaire
6, rue Bonhomme, à Reims

Par le ministère de Me **LOTTIN**, notaire
2, rue de l'Université, à Reims

Assistés de **MM. GANDOUIN père et fils**, experts
70, faubourg Saint-Honoré, Paris

CHEZ LESQUELS SE DISTRIBUE LE CATALOGUE

Voir au *Catalogue* les ordres des vacations.

12236. — Lib.-Imp. réunies, 7, rue Saint-Benoît, Paris.

CATALOGUE

DE LA

VENTE AUX ENCHÈRES PUBLIQUES

DES

OBJETS D'ART ANCIENS

ET DU MOBILIER

GARNISSANT LE

Château de NEUVILLE

Par Dormans (Marne)

DONT LA VENTE AURA LIEU

Le Dimanche 26 juillet 1896 et jours suivants

A la requête de **M. DARRAS**, séquestre judiciaire
6, rue Bonhomme, à Reims

Par le ministère de **M⁰ LOTTIN**, notaire
2, rue de l'Université, à Reims

Assistés de **MM. GANDOUIN père et fils**, experts
70, faubourg Saint-Honoré, Paris

CHEZ LESQUELS SE DISTRIBUE LE CATALOGUE

————

Voir au *Catalogue* les ordres des vacations.

ORDRE DES VACATIONS

DIMANCHE	26 juillet.		*Mobilier ordinaire, Literie, Vaisselle, Verrerie.*
LUNDI	27	—	*Faïences et Porcelaines anciennes, Verrerie, Petits Bronzes.*
MARDI	28	—	*Meubles anciens, Livres, Tableaux, Gravures.*
MERCREDI	29	—	*Meubles anciens, Ornithologie, Minéralogie, Tableaux, Gravures.*
JEUDI	30	—	*Objets restant des vacations précédentes.*

MOYENS DE COMMUNIGATION

HEURES D'ARRIVÉE

PAR

Dormans : Matin, 6ʰ20, 7ʰ42, 8ʰ46, 10ʰ4.
— Soir, 1ʰ37, 3ʰ27, 5ʰ57, 8ʰ6, 12ʰ40.

Épernay : Matin, 6ʰ54, 8ʰ21, 9ʰ20, 10ʰ6, 10ʰ38, 11ʰ28.
— Soir, 2ʰ31, 3ʰ11, 4ʰ1, 6ʰ31, 7ʰ37, 8ʰ40, 8ʰ56, 10ʰ56, 11ʰ14, 12ʰ40

Fère-en-Tardenois : Matin, 6ʰ14, 7ʰ54, 11ʰ26.
— Soir, 3ʰ55, 6ʰ27, 7ʰ28.

CONDITIONS DE LA VENTE

Elle aura lieu au comptant.

Les acquéreurs payeront 10 pour 100 en sus des adjudications applicables aux frais.

L'exposition ayant mis les acquéreurs à même de se rendre compte de la nature et de l'état des objets, il ne sera admis aucune réclamation une fois l'adjudication prononcée.

DÉSIGNATION

---

1. — Époque Empire. Deux vases bronze vert, ovoïdes, avec figures dorées.

2. — Paire de cache-pots, décor fleurs.

3. — Glace biseautée, avec cadre chêne sculpté, style Louis XIII.

4. — GÉRARD (d'après le baron). — *Entrée de Henri IV à Paris*. Gravé par TOSCHI.

5. — HERSENT (d'après). — *Gustave Wasa*. Gravé par HENRIQUEL-DUPONT.

6. — Sous ce numéro, cinq gravures encadrées : *Vues de Turquie* et deux portraits, gravures anciennes de l'école française.

7. — Tapisseries anciennes, trois lambrequins en drap rouge, ornés de bandes de tapisserie au point, ornements sur fond noir et médaillons avec sujets tirés des *Fables* de La Fontaine.

8. — Époque Louis XV. Deux meubles d'encoignure, forme contournée, en laque et incrustations de nacre dite Burgantée.

9. — Inconnu. — *Éruption du Vésuve*, gouache.
École moderne. — Paysage.

10. — Époque Empire. Deux fauteuils acajou sculpté.
Deux chaises acajou sculpté.
Deux chaises à dossiers carrés.
Deux tapis anciens orientaux.
Grand canapé recouvert en drap rouge.
Billard de Maillard avec ses accessoires.
Petit guéridon sculpté.
Deux chenets cuivre, style Louis XIII.

11. — Encrier bronze, premier Empire, style gothique

12. — Marbre. Médaillon rond, un César.

13. — Bronze. Médaillon. *Duc de Choiseul*, par FONTAINE.

14. — CANOVA (d'après). — *La Madeleine*, albâtre ;

15. — — *Le duc de Richelieu*.

16. — Masque de Charles XII. Plâtre. Deux statuettes et un buste plâtre-bronze. *Jeanne d'Arc*, statuette plâtre.

17. — Paire de flambeaux bronze vert et doré. Époque Empire.

18. — Vieux Rouen. Plateau à piédouche, décor bleu.

19. — Vieux Paris. Paire de vases, décor fleurs. Polychrome et rehauts d'or.

20. — Sous ce numéro seront vendus :
    Quatre rideaux et un lambrequin en damas de soie jaune.
    Deux portières en reps vert.
    Tapis de pieds et table.

21. — Époque Louis XV. Fauteuil bois sculpté, recouvert en reps fleurdelisé.

22. — BAGETTI. — *Vue prise en Suisse*, aquarelle.

23. — MANGLARD. — *L'Orage*, paysage.

24. — Sous ce numéro : six tableaux, vues de châteaux et marine.

25. — Deux fûts cannelés en stuc.

26. — Dix chaises en chêne sculpté.
    Grand cornet en porcelaine du Japon.
    Table en chêne, style Louis XIII.
    Têtes de cerfs.
    Bois de cerfs divers.
    Baromètre acajou. Époque du premier Empire, par CHEVALLIER.

27. — Époque Empire. Trois jardinières en fer laqué, à parties dorées.
    Six chaises sculptées, en chêne. Style Renaissance.

28. — Époque Louis XVI. Table trictrac, avec ses jetons en ivoire.
    Époque Empire. Console acajou.
    Jardinière bois de thuya et bois rose, ornée de bronzes.
    Jardinière bois rose, ornée de bronzes.

29. — Vieux Rouen. Deux plats, décor bleu.

30. — École hollandaise (xviiie siècle). — *Portrait d'homme*, daté 1655.

31. — LAEMELIN. — *Portrait de femme*, signé-daté 1855.

32. — PAULIN GUÉRIN (xixe siècle). — *Portrait d'homme*.

33. — DROUAIS. — *Portrait de femme*.

34. — VOLAIRE (le chevalier). — Vue des *Cascades de Tivoli*.

35. — VOLAIRE (le chevalier). — *Éruption du Vésuve*.

36. — Faïence ancienne d'Italie. Vase avec fruits en relief.

37. — Bronze doré. Pendule et candélabres.

38. — Deux lampes bronze, avec leurs supports.

39. — Galerie de foyer, bronze. Style Louis XVI.

40. — Paire de chenets, bronze à chimères.

41. — Vide-poches bronze doré et vert.

42. — Vieux Chine. Deux statuettes en bronze. Divinités.

43. — Piano droit de Pleyel, n° 28716.

44. — Époque Louis XV. Grande glace, cadre en bois sculpté doré.

45. — Meuble en noyer sculpté, style Renaissance, formant crédence, étagère et dosseret.

46. — Époque du premier Empire. Écrin en grain long, rouge doré aux petits fers, contenant des reproductions de camées antiques.

47. — Vieux Chine. Deux enfants à genoux présentant un vase, décor polychrome.

48. — Japon. Deux statuettes femmes, décor polychrome.

49. — Coffret en cuivre doré avec plaque, porcelaine
décorée, serment d'amour.

50. — Presse-papier. Ours bronze et marbre.
Corbeille vide-poches.
Bougeoir vide-poches et petit baromètre.
Deux canapés, deux fauteuils, deux chaises, une
chaise longue, recouverts en cretonne bleue,
quatre chaises volantes, cache-pot faïence de
Limoges.

51. — Art persan ancien. Boîte ornée de peintures.
Autre plus petite.

52. — Guéridon en marqueterie de bois.

53. — Vieux Chine. Deux soucoupes avec montures en
bronze.

54. — Époque Empire. *Danseuse antique*, statuette
bronze.

55. — ANQUETIN. — *Martin-pêcheur*, bronze, par Anquetin.

56. — *Fort de la halle. — Le Petit pêcheur*. Bronze
d'étagère.

57. — Lot d'objets divers, comprenant : petite pendule,
tasse montée en bronze, deux statuettes, un
vase marbre, etc., etc.

58. — École italienne. Deux tableaux : *Amour condui-
sant des chars*.

59. — DELACROIX (Auguste). — *La Prière pour les ab-
sents*.

60. — COLIN. — *La Leçon de lecture*, aquarelle.
      G. DAVIS. — *La Déclaration*, aquarelle.

61. — École française. — *La Missive*.

62. — École française. — *La Moissonneuse*.

63. — École italienne. — *Vénus et l'Amour*.

64. — Sonnette en bronze doré, surmontée d'une figure de Mercure.

65. — Époque premier Empire. Pendule bronze doré. Apollon en bronze vert.
      Deux statuettes même époque. Danseuse bronze doré et vert.

66. — Époque Empire. Paire de flambeaux.

67. — Vieux Paris. Deux vases, décor polychrome. Personnages chinois.

68. — Bronze. Colonnes du temple de Jupiter.

69. — Époque du premier Empire. Paire de chenets à lions couchés.

70. — Vieux Chine. Grosse et grande potiche couverte, décor polychrome, fleurs. Fracture.

71. — Époque Louis XVI. Table carrée à pieds cannelés, laquée.
      — Console demi-lune cannelée, laquée.
      — Deux canapés carrés.
      — Un canapé à dossier arrondi.
      — Deux guéridons ovales.
      — Sept fauteuils.
      — Deux chaises dossiers ovales.

Époque Louis XVI. Deux chaises dossiers carrés.
—   Trois grandes bergères.
—   Fauteuil du Directoire.

72. — Saxe moderne. Deux petits flambeaux.
Boîte à thé avec flacons en porcelaine, style chinois.
Cabinet chinois, marqueterie de bois.

73. — Bronze doré. Encrier à trois récipients.
Bronze. Encrier avec ours.

74. — Saxe. Assiette avec anse en bronze doré.
Spa. Boîte ronde ornée de peintures.

75. — Glace ovale, cadre bois sculpté, époque Louis XIV.

76. — Coffret en bois sculpté, art suisse. Plateau en
laque du Japon, monture en rotin.
Faïence de Gien. Jardinière ovale polychrome.

77. — Paravent à quatre feuilles brodées.
Coffret en bois rose.

78. — TITIEN (d'après). — *Famille Médicis.*

79. — KINSON. — *Portrait de femme.*
KINSON. — *Portrait d'homme.*

80. — SUTTER. — *Paysage.*

81. — A. LEFEVRE. — *Italienne.*

82. — Écran avec feuille brodée en soie.
Cinq paires de rideaux.
Un tapis Orient.
Quatre tapis peau de phoque, de panthère, d'ours
et de lynx.

83. — Bronze enfant. Statuette.
Jardinière gris rouge.

Jardinière terre émaillée.
Coffret rond laque de Chine.
Deux vases cristal taillé, une fracture.
Deux cache-pots polychrome, imitation de Strasbourg.
Grand fauteuil palissandre tourné.

84. — RAPHAEL (d'après). — *Sainte Famille*, peinture sur porcelaine, cadre sculpté.

85. — Pendule à accrocher en marqueterie de Boulle, avec son socle, ornée de bronzes, réparée.

86. — Glace Louis XIII, avec cadre en ébène guillochée.

87. — Deux grands fauteuils Louis XIII, recouverts en tapisserie de même style.

88. — Écran en bambou, etc.

88. — Écran en bambou, feuille en broderie de laine et soie.
Saint-Pétersbourg. Six assiettes, décor polychrome fleurs.
Vieux Chine. Six tasses et soucoupes, fond capucin.
Vieux Chine. Sept tasses forme bol, décor polychrome.
Vieux Saxe. Quatre tasses forme bol, décor polychrome.
Cave à liqueurs.

89. — Saint-Pétersbourg. Sucrier ovale, décor polychrome fleurs.
Saint-Omer. Brasero marbré bleu.
Vieux Delft. Grand pichet, décor bleu.
Vieux Delft. Deux plats, décor bleu.

Vieux Delft. Grand plat, décor dit aux cœurs, fond vert. Diamètre, 0^m,50.

Vieux Rouen. Quatre plats, décor bleu. Formes diverses.

90. — Gien. Deux cache-pots, fond jaune, décor polychrome, fleurs, oiseaux.

Gien. Bouquetière, forme coffret, décor style italien.

Gien. Jardinière ronde, décor polychrome, fond bleu.

Moustiers ancien. Petit plat rond, décor bleu.

91. — Vieux Chine. Deux plateaux à personnages.
— Trois assiettes, famille rose, très riche décor.
— Paire de potiches, fabrique de Canton.
— Trois compotiers, famille rose, riche décor.
— Seize assiettes, famille rose, très riche décor et qualité.
— Vingt-quatre assiettes, décors polychromes variés.
— Cinq assiettes, décors variés.

92. — Buffet à deux corps, le supérieur vitré, chène sculpté, à personnages, style Renaissance, école de Malines.

Table en mèmes bois et style.

Étagère en noyer, style Renaissance.

Douze chaises, même style, foncées en rotin.

93. — Deux samovars en cuivre jaune et plaqué de ruolz, grand plateau, plateau plus petit, trois réchauds ronds, réchaud ovale, douze dessous

de carafes, brosse à miettes, quatre autres à
reliefs ciselés, réchauds divers.

94. — Sèvres ancien, pâte tendre. Écuelle couverte, décor or.

95. — Sèvres. Tasse et sous-tasse, fond bleu, personnages chinois, 1770.

96. — Saxe. Tasse fond or, fleurs polychromes.

97. — Saxe. Deux coupes à fruits, pot à lait, polychrome.

98. — Vienne. Grande écuelle couverte.

99. — Saxe. Grande pièce de milieu, décor polychrome.

100. — Strasbourg ancien. Soupière, décor polychrome.

101. — Sous ce numéro, diverses pièces de *Chine ancien*.
Trente pièces : tasses, bols, vases et petits
pots divers pour étagères, plusieurs montés
en bronze.

102. — Verres anciens gravés : deux, forme calice avec
arabesques ; un, forme calice, avec buveurs
flamands ; 2 flacons, verre rouge, montés en
cuivre doré.
Verrerie moderne : verres de table, à vins fins,
à champagne, carafes, flacons, verres à liqueurs, environ cent pièces, six plateaux
creux, un ramasse-miettes.

103. — LACROIX (de Marseille), élève de J. Vernet. —
Port de mer, effet de brouillard.

104. — *Port de mer*, effet de nuit.

105. — CASSAS. — Deux grands dessus de porte représentant *Athènes et Constantinople*, gravures
en couleur vernies.

106. — LÉONARD DE VINCI (d'après). — *La Cène*, gravé par...

107. — CASSAS. — Paysages, deux aquarelles.

108. — SCHUTZ. — *La Chute du Rhin*, gouache.

109. — MILLING. — *Vue d'un parc*, aquarelle signée.

110. — SCHUTZ. — *Vue en Suisse*, gouache.

111. — VOLAIRE (le chevalier). — *Les Chutes de Tivoli*.

112. — DAVID (d'après). — *Le Serment des Horaces*.

113. — LACROIX. — *Port de mer*, temps calme.

114. — VOLAIRE. — *Une chute d'eau*.

115. — Époque Louis XIV. Deux fauteuils sculptés, un fauteuil sculpté, trois fauteuils, bois mouluré.

116. — Objets naturalisés. Groupe d'oiseaux chanteurs, avec musique.

117. — Époque Louis XVI. Chiffonnier en bois rose.

118. —   —   Autre chiffonnier bois rose.
                   —   Chiffonnier acajou.

119. — Époque Louis XV. Console demi-lune, bois rose.

120. — Époque Louis XV. Grande commode, bois rose, ornée de bronzes.

121. — Époque Louis XIV. Paire de flambeaux ciselés.

122. — Chambre à coucher, époque Louis XVI. Lit cintré à colonnes détachées, cannelées, deux fauteuils, dossiers carrés, deux chaises, dossiers carrés, une chaise palissandre tourné, huit rideaux de lits et de fenêtres.

Époque Louis XIV. Sonnette fleurdelisée, garni-
ture de cheminée, pendule, deux coupes
albâtre, bronze doré.

Porcelaine de Paris. Service solitaire, décor fleurs.

Plateau cuivre repoussé, sonnette, presse-papier,
chenets en cuivre, boîte à thé, palissandre,
flacon en porcelaine, chalet en bronze, deux
vases porcelaine de Chine, porte-bouquets.

Époque Empire. Coffret cristal, bronze doré,
glace à main ronde, cristal et bronze doré,
deux flacons cristal taillé, montures argent,
deux autres.

Baguier, perroquet sur perchoir, bronze.

Coffret à châles en bois de thuya.

123. — Époque Empire. Pendule en porcelaine dorée.
Vase forme Médicis, éclat au sommet.

124. — Époque Louis XVI. Vitrine avec glaces étamées.

125. — Commode de l'époque du premier Empire, ornée
de bronzes.
Guéridon rond de même époque.
Époque Empire. Deux flambeaux bronze doré.

126. — Saint-Pétersbourg. Service à café, décor poly-
chrome.
Vieux Nidervillers. Deux petites jardinières à
accrocher, décor polychrome, fleurs.
Fratin. Deux coupes en bronze doré supportées
par une cigogne.
Deux bougeoirs, une sonnette.
Flacon verre vert, coupe verre rose, verre d'eau.
Trois photogravures coloriées.
Un fac-similé d'aquarelle, *la Nouvelle Suzanne*.

127. — Époque Louis XVI. Deux encoignures acajou, à étagères, ornées de galeries de cuivre.

128. — Époque Louis XVI. Meuble étagère avec tiroir au sommet, acajou garni de cuivre.
Même époque. Petit bureau plat, acajou à filets de cuivre.

129. — DAVIES. — Deux aquarelles, sujets de genre.
Duc de Richelieu, gravure.
Cinq gravures diverses encadrées.

130. — Époque Empire. Lit orné de bronzes. — Table de nuit. — Pendule bronze vert et doré. — Deux fauteuils. — Deux vases porcelaine décorée.
Dessin représentant un lancier
Chine. Théière en nacre gravée.

131. — Époque empire. Grand bureau plat, acajou pieds sculptés. — Secrétaire, commode, chiffonnier, fauteuil de bureau, bergère, gondole acajou, la plupart ornés de bronzes.
Pendule forme vase, bronze vert et or.
Paire de vases en albâtre.
Napoléon Ier, petit buste bronze.
Son chapeau, presse-papier bronze.
Encrier ovale en érable et bronze.

132. — Époque Louis XIV. — Paire de flambeaux en argent.

133. — *Entrée de Louis XVIII à Paris*, belle gravure en couleur.

134. — Sous ce numéro :
Petit chien épagneul, pastel.
Neuf vues en couleur et en noir, encadrées.

Deux portraits encadrés, lithographies.
LOUIS DUTERCQ. — *Vue de Trouville,* aqua-
relle.
THÉO MANSSON. — *Procession sous le porche
d'une église,* aquarelle.
Deux tableaux marines.
MERLIN. — *Vue d'une église,* aquarelle.
Trois petits portraits.

135. — FRANCK-FRANCKEN. — *Le Calvaire,* œuvre im-
portante et capitale de cet artiste, comprenant
un nombre considérable de figures.

136. — Époque Louis XIV. Ivoire. — *Christ en croix,*
gravure encadrée; *la Madeleine au pied de
la croix,* gravure encadrée, d'après A. Dürer.

137. — Prie-Dieu en palissandre sculpté, avec quatre
peintures russes sous leurs encadrements dorés,
médaillons, neuf pièces : chapelet, deux émail-
lées, deux en nacre, les autres en métal, représentant de saintes images.

138. — Époque Empire. Deux appliques à trois lumières,
bronze vert et bronze doré.
Christ en bronze argenté et quatre flambeaux.
Onze statuettes. Saints et saintes. Plâtre.
Quatre vases en porcelaine décorée.
Prie-Dieu avec partie de l'époque Louis XV, bois
sculpté.
Argent. Calice de style Louis XVI, avec sa
patine en vermeil.
Missel romain de chez Mame.
Chasuble et accessoires, soie violette et noire.
Chasuble et accessoires, soie rouge.

Chasuble et accessoires, soie jaune, broderies.
Chasuble et accessoires de fleurs, en soie de cou-
leurs.
Deux costumes pour enfants de chœur.
Quatre prie-Dieu sculptés.
Suspension cuivre, ornée de fleurs de lis en por-
celaine.

139. — Époque Louis XVI. Jolie commode en marqueterie
de bois rose et de bois de couleur, pieds
cambrés.
Gravures encadrées. — *Louis XVI, Louis XVIII*
en couleur.
École française. — *Richelieu*, pastel.
Deux gravures, personnages russes.
MIRON. — *Chien épagneul* et *Vue d'un cours d'eau*.
DEFFER. — *Vue en Suisse*.

140. — Glace cintrée, époque Louis XVI, cadre bois
sculpté, doré.

141. — École française. — *Cheval du Mecklembourg*.

142. — CASSAS. — Huit gravures encadrées, en couleur
et vernies, représentant des ruines de monu-
ments antiques.

143. — Époque premier Empire. Guéridon acajou.

144. — Époque Louis XV. Table ovale marquetée.

145. — Gravure. — *Portrait de Wellington*, d'après
GÉRARD, par FORSTER.

146. — École française XVIIIᵉ siècle. — *Portrait d'homme*,
pastel.

147. — Époque Louis XVI. Petit secrétaire acajou, à
angles cannelés.

148. — Époque Louis XV. Paire de flambeaux, bronze
doré.

149. — Sous ce numéro :
Vase en porcelaine de Paris.
Quatre gravures encadrées.
Trois glaces.
Une chaise époque Louis XVI.

150. — Époque Louis XIV. Commode en noyer, ornée de
bronzes.

151. — Époque Empire. Toilette acajou, ornée de bronzes.
Lit-couchette du Directoire.
Pendule en marqueterie de cuivre.
Gravures encadrées :
Saint Michel, d'après Raphaël.
Massacre des Innocents.
Duc de Bordeaux.
Portrait d'un cuirassier, pastel.
Inconnu. — Marine.

152. — Trois pièces encadrées :
Les Deux Sœurs.
TÉNIER (d'après). — *Fumeur*.
Un pacha, gravure.

153. — Époque Empire. Lit acajou à col de cygne sculpté.
Deux commode et secrétaire.

154. — Table-bureau en bois rose, époque Louis XVI.
Lit du Directoire, peint blanc.
Fauteuil et deux chaises, même époque.

155. — Époque Louis XVI. Table à jeu, demi-lune à filets
de cuivre.
Époque Empire. Toilette acajou.
Pendule en marqueterie de cuivre.

156. — RAPHAËL (d'après). — *La Vierge au voile* et un dessin tête d'ange.

157. — CASSAS. — Cinq pièces encadrées. — *La Mecque; Ruines de Thèbes* et autres vues antiques.

158. — CASSAS. — *Vue du Caire.*

159. — Table Louis XIII, pieds tournés.
Inconnu : *Paysage.*

160. — CASSAS. — *Ruines du château Gaillard; Une pyramide.*
CÉLESTIN NANTEUIL. — *La Jolie fille de la Garde.*
Diverses gravures encadrées et pastels.
Époque Louis XVI, table Tronchin.

161. — Collection d'oiseaux de tout genre.

162. — Collection d'échantillons de minéralogie.

163. — Collection de silex taillés, de l'âge de pierre.

164. — Voiture.

165. — Cygne âgé d'environ dix ans.

166.   BIBLIOTHÈQUE

THIERS. — *Consulat et Empire.*
Revue de Paris, I à XXXIV.
BLANC. — *Histoire de la Révolution.*
Annales de l'industrie, 1820.
Lycée français, 5 vol.

LEVESQUE. — *Histoire de Russie.*

CASTERA. — *Histoire de Catherine.*

LESUR. — *Histoire des Cosaques.*

TORCY. — *Mémoires.*

L'Ermite de la Chaussée d'Antin.

Annuaires et *Almanachs royaux.*

LANDON. — *Musée.*

CAPEFIGUE. — *L'Église au moyen âge.*

MICHAUD. — *Histoire des Croisades.*

WALTER SCOTT. — *OEuvres.*

FLASSAN. — *Histoire de la diplomatie française.*

RAGON. — *Histoire des temps modernes.*

SHAKESPEARE. — *OEuvres,* 13 vol.

Voyage de l'Astrolabe.

ROBERTSON. — *Histoire de Charles-Quint.*

A. PICHOT. — *Histoire de Charles-Édouard.*

BUFFON. — *OEuvres,* 12 vol.

PLUTARQUE. — *Hommes illustres,* 15 vol.

HAUTERIVE. — *Traité de courses et navigation,* 9 vol.

SCHILLER. — *OEuvres,* 6 vol.

CONDILLAC. — *OEuvres,* 23 vol.

VOLTAIRE. — *OEuvres,* 55 vol.

Théâtre français, 25 vol.

Bibliothèque universelle, 35 vol. — Dumas fils, G. Sand, H. de Naie, 11 vol. ; A. Dumas, A. Karr, Girard, V. Cousin, Sainte-Beuve, Michelet, Cuvillier-Fleury, La Fontaine, Ed. Quinet, Stendhal.

Revue des Deux Mondes.

Revue des Demoiselles.

Journaux de modes.

Illustrations diverses.

Romans modernes.

Langue russe, nombreux volumes reliés.

Langue anglaise, nombreux volumes reliés.

Quantité de livres reliés et brochés.

Six corps de bibliothèque peints noir.

Grande vitrine peinte en noir.

Meuble étagère palissandre, cuivre jaune, jardinière
repoussée.

MOBILIER ORDINAIRE

Literie, rideaux, tenture, vaisselle, verrerie, linge, etc.

12236. — Lib.-Imp. réunies, 7, rue Saint-Benoît, Paris.

www.ingramcontent.com/pod-product-compliance
Ingram Content Group UK Ltd.
Pitfield, Milton Keynes, MK11 3LW, UK
UKHW022337170726
13837UKWH00005BA/2301